d

Gute Nacht, lieber Panda

Ein Text von
Timon Meyer

mit Bildern von
Julian Meyer

Panda hat heut viel gemacht,
viel gespielt und viel gelacht.

Panda hat wie wild gemanscht
und viel wilder noch geplanscht.

Hat der Malerei gefrönt
und die Nachbarschaft verschönt.

Was getrunken, was gegessen, was gelernt und was vergessen.

Hat am Telefon geschnuddelt
und nach einem Schatz gebuddelt.

Hat wie verrückt Klavier geübt
und war auch einmal kurz betrübt.

Hat ein dickes Buch gelesen,
ist im Freizeitpark gewesen.

Hat sich mit einem Bad verwöhnt,
sich hinterher das Fell geföhnt.

Und nun ist Panda ganz k.o.
Putzt sich die Zähne, geht aufs Klo.

Faltet noch Hose und Jackett,
jetzt aber wirklich ab ins Bett!

Mit Lieblingskissen, Lieblingsbuch,
mit Kuscheltier und Kuscheltuch.

Doch er bekommt kein Auge zu.

Denn Panda muss zuvor noch wissen:
Hast du denn auch ein Lieblingskissen?

Und auch ein Lieblingskuscheltier?
Und spielst du auch so gern Klavier?

Was hast du denn heut gemacht?
Hast du auch so viel gelacht?

Hat dich heute was bedrückt?

Oder ganz und gar entzückt?

Ist dir Großes heut geglückt?

Freust du dich denn schon auf morgen?
Oder macht dir etwas Sorgen?

**Erzähl es Panda ganz in Ruh,
er hört dir doch so gerne zu.**

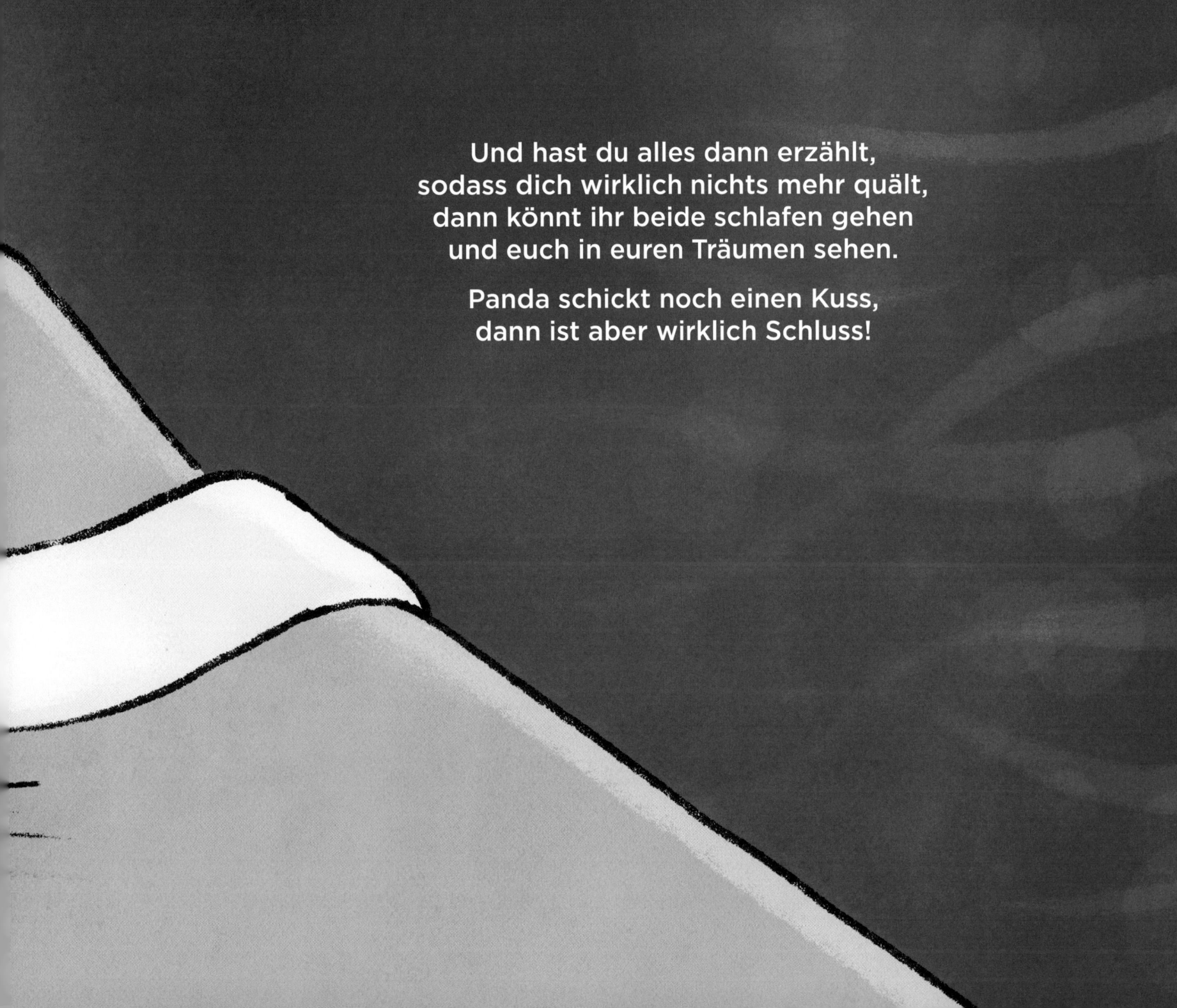

JULIAN MEYER, geboren 1983 in der Lüneburger Heide, war Tischler, bevor er Illustration in Münster studierte. Seit 2017 arbeitet er freiberuflich als Illustrator. Er ist Vater einer Tochter und lebt in Hamburg.

TIMON MEYER, geboren 1977 bei Stuttgart, lebt als freier Künstler und Autor mit seiner Familie in Queens, New York. Am liebsten schreibt er für Kinder.

Für Yuna
T.M.

Für Johanna
J.M.

Alle Rechte vorbehalten
Copyright © 2023
Diogenes Verlag AG Zürich
www.diogenes.ch
100/23/69/1
ISBN 978 3 257 01316 0